Emil Boas

Ehrenbankett für Carl Schurz

Emil Boas

Ehrenbankett für Carl Schurz

ISBN/EAN: 9783744644419

Hergestellt in Europa, USA, Kanada, Australien, Japan

Cover: Foto ©ninafisch / pixelio.de

Weitere Bücher finden Sie auf **www.hansebooks.com**

Carl Schurz

Widmung.

Du Zier und Stolz der Deutsch-Amerikaner
Der du dich für die Freiheit hast geschlagen
Als noch die Jünglingslocken du getragen.
Der Volksmajestät der Prätorianer!

Und als du Mann geworden, stets ein Mahnen
Wo liegt das Recht? nach sonst nichts sollt ihr fragen
Die Wahrheit sollt ihr, nur die Wahrheit sagen!
Nie eines Dogmas blind fanatischer Bahnen

Dazu war dein Gemüth zu tief, dein Geist zu hell,
So konntest du Amerikaner werden.
Und bliebst doch, jedes Zoll, ein deutscher Mann

Du meiner Jugend herrlichster Gesell!
Seh'n wir, die Alten, uns nicht mehr auf Erden.
Dich laß ich nicht aus meiner Liebe Bann

Friedrich Spielhagen.

Ehrenbankett

für

Carl Schurz

Zur Feier seines 70. Geburtstages veranstaltet
von den deutschen Vereinen New Yorks.

— ·

Abgehalten am 8. März 1899

in der

Liederkranz-Halle.

NEW YORK
Hermann Bartsch, 87 Frankfort Street
1899.

Inhaltsverzeichniß.

Redactions-Committee.

Emil L. Boas   Rudolf Cronau

H. G. Ramsperger   L. F. Thoma

Henry Villard   Joseph Winter (Redacteur)

Carl Schurz.

✠

Nahezu ein halbes Jahrhundert ist verflossen, seitdem der Name des rheinischen Schullehrersohnes, dessen 70. Geburtstag von zahllosen Deutsch Amerikanern vor wenigen Wochen so glänzend gefeiert wurde, zum ersten Male durch alle Länder flog; und wenn damals hauptsächlich das Herz der Jungen für Carl Schurz in glühender Begeisterung schwoll, so ist es heute die Verehrung der Alten, die ihm des Lebens Abend verschönt. Am 2. März 1829 zu Liblar bei Köln geboren, bezog Carl Schurz im Jahre 1846 die Bonner Universität, schloß sich im Frühjahr 1848 den deutschen Patrioten an und betheiligte sich, als Gefährte und Freund seines verehrten Lehrers Gottfried Kinkel, nicht nur an dem Siegburger Zeughaussturm, sondern auch an dem badischen Feldzuge sowie der Vertheidigung von Rastatt als Adjutant des Kommandanten Nikolas Tiedemann und entkam nach der Einnahme dieser Festung über Frankreich in die Schweiz, während Kinkel in die Gefangenschaft der Preußen gerieth. Die Verurtheilung Kinkel's, dessen Ueberführung von Naugardt nach Spandau (März 1850) und die kühne Befreiung des gefangenen Dichters von „Otto der Schütz" durch Carl Schurz (November 1850) ist zu bekannt, um hier ausführlicher erwähnt zu werden. Ein Schimmer der Romantik verklärte von dieser Zeit an den kühnen Achtundvierziger, welcher mit seinem befreiten Lehrer über Rostock nach England entkam.

In London und in Paris versuchte sich Carl Schurz als Zeitungs-Korrespondent, heirathete im Juli 1852 die Schwägerin seines Londoner Freundes Johannes Ronge, Fräulein Margarethe Meyer aus Hamburg, und wanderte einige Wochen später nach Amerika aus, um hier eine neue Heimath und eine neue Zukunft zu finden. Etliche Jahre lang oblag nun Schurz den gründlichsten Studien der Geschichte, Sprache und Verwaltung seines Adoptiv-Vaterlandes, anstatt sich den phantastischen Bestrebungen zahlreicher anderer Flüchtlinge, die von Amerika aus eine Art Weltrepublik gründen wollten, anzuschließen. Schon im Jahr 1856 konnte er für Fremont, den Präsidentschafts-Kandidaten der Republikaner, als Redner eintreten, unterstützte zwei Jahre später den vergeblichen Kampf Lincoln's um das Bundessenatorenamt in Illinois, nachdem er im vorhergehenden Jahre, freilich erfolglos, von den Republikanern Wisconsin's als Kandidat für das Amt des Vice-Gouverneurs aufgestellt worden war. Nationalen Ruf erlangte er jedoch erst im Jahre 1860, als er in dem historisch denkwürdigen Wahlkampfe zwischen Stephen A. Douglas und Abraham Lincoln letzterem durch eine Reihe glänzender Reden in deutscher und englischer Sprache thatsächlich zur Präsidentschaft verhalf, indem er mit seltener Eloquenz und unbezwinglicher Logik für die Prinzipien der Abolitionisten und ihres Bannerträgers erfolgreich eintrat. Und als der erste Schuß bei Fort Sumter gefallen war, da stellte er sich mit dem von ihm organisirten 1. New-Yorker Kavallerie-Regiment „Lincoln" sofort dem Kriegsdepartement der Union zur Verfügung; doch mußte er vorerst nach Madrid als Bundesgesandter gehen, um hier die spanische Regierung für den Norden zu gewinnen. Als ihm dies vollständig gelungen war, kehrte er wieder nach Amerika zurück und nahm vom Juni 1862 bis zur Kapitulation Lee's in Appomattox, 9. April 1865, hervorragenden Antheil an der Unterwerfung des Südens.

General-Major Schurz verlor durch die Ermordung Lincoln's (15. April 1865) seinen treuen Freund und Gönner, und da er sich mit der Administration Johnson's nicht befreunden konnte, nahm er wieder den journalistischen Beruf auf, zuerst als Korrespondent der „New York Tribune", dann als Leiter der „Detroit Post" und später als Miteigenthümer der St. Louiser „Westliche Post."

Schon im Jahre 1869 wurde ihm die Ehre zu Theil, von der Legislatur Missouri's als Bundessenator erwählt zu werden. Es geht wohl über den Rahmen dieser Skizze, Carl Schurz, den ersten deutschen Bundessenator, als den erfolgreichsten Bekämpfer der Korruption zu feiern. Was er als Mitbegründer der Partei der „Liberalen" zur Besiegung der Grant'schen Expansionsgelüste, zur Versöhnung des Südens und zur Vernichtung des Papiergeldschwindels beigetragen hat, gehört ebenso der Geschichte an, wie seine glänzende Verwaltung des Staats-Sekretariats des Innern unter R. B. Hayes, dessen Erwählung zum Präsidenten (1876) nicht zum geringsten Theile das Verdienst des ersten deutsch-amerikanischen Kabinetsmitgliedes ist. Carl Schurz war es, der eigentlich den Süden von den Dragonaden der republikanischen Partei befreite; er reinigte den Augiasstall seines Departements, indem er strikte Civildienstregeln in allen, ihm unterstehenden Aemtern einführte; ihm ist die Gründung dreier Indianerschulen zu danken, wie er auch die Amerikaner zuerst zum Schutze der Waldungen eindringlich ermahnte. Dennoch

schloß mit dem Amtsantritte James Garfield's die Beamten-
laufbahn des größten deutsch-amerikanischen Staatsmannes.

Aber auch in den folgenden Jahren zeigte sich Carl Schurz
in seiner vollen Größe. Als Chefredakteur der "Evening
Post," als Biograph Henry Clay's, als unübertroffener Redner und Publizist, der die englische Sprache so glänzend
bemeisterte, wie kein Deutscher vor ihm, als unerschrockener
Vorkämpfer für Civildienst- und Währungsreform und Ver-
fechter gesunder Stadt- und Staatsverwaltung ist er stets
das geblieben, was er noch heute ist; er ist immer derselbe
Carl Schurz geblieben, der Bürger zweier Welten, nicht nur
ein echt amerikanischer Patriot, sondern auch der hervor-
ragendste Vertreter des idealen Deutsch-Amerikanerthums.
Während er seinen eingewanderten Landsleuten stets die Amal-
gamirung mit dem besseren Theile der Amerikaner gepredigt,
hat er gleichzeitig die Rechte der Deutschen in Amerika gegen
nativistische Anmaßung und fremdenhasserische Tendenzen ver-
theidigt. Und heute noch tritt er mit ungeschwächter Kraft
für Wahrheit und Freiheit, für Recht und Pflicht ein und
ist überall dort zu finden, wo diese kostbarsten Güter des
Gemeinwohles in Gefahr sind. Nicht „von der Parteien Gunst
und Haß verwirrt, schwankt sein Charakterbild in der Geschichte", denn von Freund und Feind gleichmäßig geehrt,
darf Carl Schurz auf eine ruhm- und ehrenreiche Vergangen-
heit blicken; und daß er trotz Ruhm und Ehren keine irdischen
Schätze erworben, das läßt ihn nur noch größer erscheinen.
Die dankbare Mitwelt hat ihm wiederholt die wohlverdienten
Ehrenkränze geflochten, aber auch die Nachwelt wird ewig
seinen stolzen Namen preisen:

„Denn wer den Besten seiner Zeit genug gethan,
Der hat gelebt für alle Zeiten!"

Die Vorbereitungen für das Fest-Bankett.

Am 26. Januar 1899 beschloß der „Deutsche Gesellig-Wissenschaftliche Verein von New-York", im Verein mit anderen Gesellschaften der Stadt den 70. Geburtstag seines verehrten Mitgliedes Carl Schurz in würdiger Weise zu feiern, und schon am Nachmittag des 28. Januar hatten sich in der New-Yorker Männerchor-Halle zwanzig Vertreter von fünfzehn hervorragenden Vereinen eingefunden, um die vorbereitenden Arrangements für eine deutsche Carl Schurz-Feier zu treffen. Die anwesenden Herren organisirten sich als

Carl Schurz-Feier Executiv-Committee

und erwählten Herrn Ludwig F. Thoma, den Präsidenten des „Gesellig Wissenschaftlichen Vereins", welcher die erste Anregung zur Schurz-Feier gegeben hatte, zum Vorsitzer und Joseph Winter zum Schriftführer und faßten den einhelligen Beschluß, zur Feier des 70. Geburtstages von Carl Schurz ein Ehrenbankett abzuhalten, dessen Vorbereitung die Delegaten der angemeldeten Vereine übernehmen sollten. Außer den genannten Beamten wurden die Herren Dr. W. F. Mittendorf vom „Liederkranz" und Richard Weinacht vom „Arion" zu Vice-Vorsitzern und Herr H. G. Ramsperger zum Schatzmeister erwählt. Ferner wurde die Ernennung folgender Ausschüsse beschlossen und zwar Sub-

Committees für: Adresse, Auswärtige Agitation, Bankett, Finanzen, Presse, Redner und Empfang, deren vollständiges Verzeichniß an einer anderen Stelle zu finden ist. In der am 4. Februar abgehaltenen zweiten Plenar Sitzung des Executiv Committees wurde der Adressenentwurf des Herrn Henry Villard endgiltig angenommen und Herr Rudolf Cronau beauftragt, für die Ausstattung dieser Adresse ein künstlerisch ausgeführtes Wandbild auf Pergament herzustellen, das in einem Goldrahmen versehen Herrn Schurz beim Fest Bankett überreicht werden soll. Als Festtag wurde der 8. März 1899 erwählt, da am 2. März das Schurz Bankett bei Delmonico stattfinden sollte. Endlich wurde in dieser Sitzung die Bestimmung getroffen, daß nur deutsche Reden während des Banketts gehalten werden können und kein Redner länger als zehn Minuten sprechen dürfe.

In der dritten Plenarsitzung des Executiv-Committees, 18. Februar 1899, wurde der Beschluß des Bankett-Committees, das Festessen in der Liederkranz-Halle abzuhalten, falls die Zahl der Subskribenten nicht fünfhundert übersteigt, gutgeheißen; ferner wurden die Kostenvoranschläge entgegen genommen und das Finanz-Committee ermächtigt, für die Aufbringung eines Garantiefonds von $1500.00 zu sorgen. Als Ehrengäste sollen, außer dem Jubilar, nur die beiden Söhne des Herrn Schurz, die Vertreter der deutschen Botschaft in Washington, der deutsche General Consul in New York, sowie die Repräsentanten der Presse seitens des Ausschusses eingeladen werden. Folgende Herren wurden als Festredner designirt: Professor Kuno Francke von Harvard, Dr. F. W. Holls und George von Skal, während Herr L. F. Thoma, als Vorsitzer des Banketts, die Begrüßungsansprache halten und Herr Henry Villard die

oben erwähnte Adresse überreichen sollte. Dank der Mithilfe
des Herrn Emil L. Boas gelang es dem Ausschusse für
auswärtige Agitation, die allgemeine Adresse an Herrn Schurz
in nahezu alle deutschen Kreise der Union zur Unterschrift
zu verbreiten, so daß auch der äußere Erfolg des Festes, dessen
Verlauf im nächsten Abschnitt geschildert wird, im Voraus
gesichert war. Den wahren Erfolg aber sicherte der Fest-
Ausschuß, welcher mit unermüdlicher Aufopferung, mit selbst-
loser Hingabe, mit seltenem Geschick und Takt, vor Allem
aber mit einer bewundernswerthen Harmonie alle Einzeln-
heiten für das Ehrenbankett vorbereitet hatte. Jedes Mitglied
fühlte sich mit Stolz als ein Vertreter des gesammten
Teutschthums in Amerika, deswegen trugen auch alle Com-
mittee-Mitglieder zum Gelingen dieses, einzig in seiner Art
veranstalteten und auch einzig in seiner Art verlaufenen Festes
das Ihrige bei. Durch diese unvergleichliche Ehrung des
Herrn Schurz hat sich jedoch das Teutschthum nur selbst
geehrt; denn eine Nation, die ihre Besten so feiert, wie die
Deutsch-Amerikaner ihren Carl Schurz, ist selbst der Liebe
und Verehrung werth.

Das Schurz-Bankett in der Liederkranz-Halle.

Die prunkvolle Festhalle des Sängerpalastes in der Ost 58. Straße konnte am 8. März 1899 kaum die zahlreichen Gäste fassen, welche das New Yorker Deutschthum geschickt hatte, um beim festlichen Gelage, beim perlenden Wein und bei zündender Rede dem „Lieblingssohn" der Deutschen in Amerika zu beweisen, wie hoch das Ansehen ist, welches er allseitig genießt, und wie tief die Verehrung, der er sich erfreut, in Aller Herzen wurzelt. Aerzte und Lehrer, Richter und Anwälte, Journalisten und Schriftsteller, Kaufleute und Fabrikanten, Künstler und Industrielle, alle waren gekommen, um den 70. Geburtstag „ihres" Carl Schurz zu feiern. In sinniger Weise trug jede der sechs Festtafeln ein riesiges Blumenstück, das je einen Buchstaben des gefeierten Namens: SCHURZ bildete, während die Blumenguirlanden, welche sich von den prachtvollen Kronleuchtern aus festonartig nach allen Seiten der Halle schlangen, bis zu dem für das Orchester und einen reizenden Damenflor reservirten Balkon reichten, wo eine mächtige **70** im elektrischen Lichterglanze erstrahlte.

Eine echte Geburtstagsstimmung herrschte, ehe noch das Bankett begann, als aber das Geburtstagskind mit den Ehrengästen auf der Platform Platz nahm, wollte der Jubel kein Ende nehmen. An der Ehrentafel saßen: Herr Carl Schurz, zur Rechten des Bankett-Präsidenten Herrn L. F.

Thoma und zur Linken des Herrn Henry Villard, sowie der Geheime Legationsrath Herr Baron Speck von Sternburg und Baron Hermann, als Vertreter der deutschen Botschaft in Washington; ferner der Deutsche Generalkonsul Herr August Feigel, Herr Dr. Hans Kudlich, Herr Professor A. Jacobi, Herr Dr. W. F. Mittendorf und Herr Richard Weinacht, die beiden Vice-Präsidenten des Festausschusses, Herr Dr. F. W. Holls, Herr Professor Kuno Francke, Herr George von Skal, Herr Emil L. Boas, Herr Arthur von Briesen und die beiden Söhne des Jubilars, Carl L. und Herbert Schurz. Unter den 600 Festtheilnehmern befanden sich jedoch nicht nur die hervorragendsten Vertreter aller deutschen Vereine der Stadt New York, sondern auch die bekanntesten Repräsentanten des gesammten Deutschthums, sowie die Träger der angesehensten deutschen Namen der Metropole.

Austern, Hühnersuppe und Bachforellen, der erste Theil der lukullischen Speisefolge, waren erledigt, als Herr L. F. Thoma, als Vorsitzer des Festessens, die Feier mit der an anderer Stelle befindlichen Ansprache eröffnete. Hierauf ertheilte er dem Vertreter des deutschen Botschafters, Geheimen Legationsrath Baron Speck von Sternburg, das Wort, welcher Herrn Schurz mit folgenden Worten begrüßte:

„Ich bedauere lebhaft, daß es mir nicht vergönnt war, Ihnen bis jetzt persönlich meine Glückwünsche darzubringen. Es freut mich jedoch umsomehr, daß mir die hohe Ehre zu Theil geworden ist, Sie hier begrüßen zu dürfen. Auf die weisen Lehren einzugehen, die sich aus Ihrem Wirken und Ihrer Thätigkeit resultirten, ist Anderen vorbehalten. Es haben erst vor wenigen Tagen hunderte von Freunden und Verehrern Ihre Thaten der Welt verkündet und hunderte feiern heute mit Ihnen das ebenso schöne als seltene Fest. Ich gebe nur dem Wunsche Ausdruck, daß Sie noch manches Jahr mit derselben Rüstigkeit und Frische wie seither wirken mögen und daß es Ihnen vergönnt sein soll, die guten Beziehungen zwischen den zwei großen Völkern, die so viele gemeinsame Interessen haben, zu fördern und zu erweitern. Meine Herren, ich bitte Sie, mit mir das Glas zu erheben und auf das Wohl des Jubilars zu trinken, Herr Carl Schurz, der Jubilar — er lebe hoch, hoch, hoch!"

Nachdem sich der Beifallssturm, der diesen Worten gefolgt war, gelegt hatte, wurden dem Jubilar von den nachstehenden Gesellschaften Ehrenmitglieds-Diplome mit kurzen Ansprachen überreicht: Deutscher Gesellig Wissenschaftlicher Verein, Dr. Toeplitz; Deutsche Gesellschaft der Stadt New York, Gustav H. Schwab; Milwaukee Deutsche Gesellschaft; Deutscher Liederkranz, Dr. Mittendorf, der Namens des „Liederkranz" eine silberne Bowle überreichte, während die Damen des genannten Vereins durch Herrn H. G. Ramsperger ein prachtvolles Blumenstück nebst einem Glückwunschschreiben übersandten; ferner: Literarischer Verein von Morrisania, Rudolph Cronau; Hebrew Technical Institute, James H. Hoffmann; Deutscher Verein, R. Ziedenburg.

Die Reihenfolge der glänzenden Toaste, deren Inhalt die Leser auf den nächsten Seiten finden, war: „Carl Schurz als Journalist", Herr George von Skal; „Carl Schurz als Staatsmann", Herr Dr. F. W. Holls; „Ein Bürger zweier Welten", Herr Professor Kuno Francke von der Harvard Universität. Außerdem überreichte Herr Henry Villard die allgemeine Adresse mit folgenden Worten:

„Es hat den Veranstaltern dieser Feier wünschenswerth gedünkt, die Gefühle der Freunde und Verehrer unseres lieben Festgastes anläßlich dieses Gedenktages zu einem Gesammtausdruck in bleibender Form zu bringen. So ist mir die Auszeichnung geworden, an Sie, verehrter

Freund, den Wortlaut einer Adresse zu richten und Ihnen dieselbe in
künstlerischer Ausführung, wie sie sich vor Ihnen zeigt, zur sichtbaren
und dauernden Erinnerung an diese Jubelstunden überreichen zu dürfen.
Die Adresse ist eine Huldigung nicht nur dieser Versammlung, nicht
nur der dreißig und mehr Vereine von Groß New York, die hier vertreten sind, sondern, wie der Herr Vorsitzer bereits angedeutet hat, der
Deutsch-Amerikaner ohne Unterschied der Partei, Religion und Lebensstellung im ganzen Lande. Sie wurde vervielfältigt und in allen Theilen der Vereinigten Staaten zur Unterzeichnung verbreitet. Das reiche
Ergebniß, den vollen Wiederhall unseres Appells, sehen Sie vor mir
in diesem Papierstoße. Die Rückäußerungen rühren aus dem Osten wie
Westen, dem Norden wie Süden her. Sie sind in der Zahl von über
fünfhundert Vereinigungen gekommen zur Pflege der Wissenschaft, der
Musik, der Wohlthätigkeit und der Geselligkeit, wie auch des Kriegs-
handwerkes. Alle Großstädte, New York, Philadelphia, Boston, Balti-
more, Chicago, St. Louis, Cincinnati, Milwaukee, Washington, Buffalo,
St. Paul und über hundert andere Städte und nicht weniger als sechs-
unddreißig Staaten vom Atlantischen bis zum Stillen Meere und von
der Grenze von Canada bis zum Golf von Mexico sind darunter vertreten. Sie enthalten Tausende von Unterschriften, und die Mitglieder-
schaften für die sie stehen, belaufen sich auf nicht weit von hunderttau-
send Personen. Diese Ausdehnung der Betheiligung erhebt unsere Fest-
lichkeit weit über alle anderen Ehrungen unseres Jubilars, die bis jetzt
stattgefunden haben. Sie hat, wie gesagt, keine örtliche Beschränkung,
sondern ist eine großartige, massenhafte Offenbarung der begeisterten
Stimmung des ganzen Deutsch-Amerikanerthums für Carl Schurz. Mit
vollstem Recht können Sie auf diesen Riesentribut stolz sein und wir
dürfen wohl auch stolz auf uns selbst und auf unsere Landsleute sein,
die dazu beigetragen haben, daß das Edelste im deutschen Wesen in
Ihnen so geehrt wird."

Zum Schlusse dankte der Jubilar in einer echt „schurzi-
schen" Rede den Festtheilnehmern wie dem Deutschthum,
worauf Herr Udo Brachvogel mit einem schwungvollen
Gedichte Herrn Carl Schurz feierte.

Die von Herrn Rudolf Cronau gemalte Adresse stellt die
Germania und Columbia dar, das lorbeerbekränzte Portrait-
bild des Jubilars haltend. Auf dem Sockel ruht der amerikanische Adler, flankirt von den deutschen und amerikanischen
Flaggen. Links im Hintergrunde sieht man die rheinische
Heimath des Herrn Schurz, während sich rechts die Bundes-
hauptstadt am Potomac erhebt. Die Adresse selbst, deren
Wortlaut sich an anderer Stelle befindet, wurde von sämmt-
lichen Committee Mitgliedern unterzeichnet, während die gleich-
lautende, in zwei stattlichen Bänden vereinigte Massenadresse
bei einem, von Herrn Emil L. Boas auf der „Augusta
Viktoria“ am 4. April 1899 zu Ehren des Festausschusses
veranstalteten Diner Herrn Carl Schurz durch Herrn
Henry Villard überreicht wurde. Aus 36 Staaten
haben 632 deutsche Vereine und Gesellschaften, darunter 57
in Gross-New York und der Rest in anderen 106 Städten,
ihre Huldigung dem Geburtstagskinde dargebracht.

Das Festbankett verlief, wie alle anderen Schurzfeiern
in Stadt und Land, nicht nur in der glänzendsten, sondern
auch in der würdigsten Weise und kann mit Recht als ein
Markstein in der Geschichte der Deutschen in Amerika bezeichnet werden.

1865

1880

1860

1890

Carl Schurz

[1829—1890]

Begrüßungsrede des Festpräsidenten L. F. Thoma.

Das Deutschthum feiert heute einen Ehrentag, welcher eine Epoche in der deutsch amerikanischen Geschichte bedeutet. Noch nie vorher haben die Deutschen in den Vereinigten Staaten, ohne Unterschied der Partei, Religion oder Lebensstellung, sich so willig und so allgemein zusammengeschaart, um den hervorragenden Verdiensten, welche ein D e u t s c h e r sich um unser Adoptiv-Vaterland erworben, n e i d l o s A n - e r k e n n u n g zu zollen.

Der Gast, den wir heute feiern, hat aber auch, wie kein Anderer, dem deutschen Namen in Amerika Ehre gemacht. Kein anderer deutscher Name ist mit den Geschicken unseres Landes in der zweiten Hälfte dieses Jahrhunderts so ehrenvoll verknüpft gewesen, wie der unseres Gastes.

Als tüchtiger Mitarbeiter an dem wichtigen Kulturwerke der deutschen Presse, als muthiger Mitstreiter in dem blutigen Kampfe um die Erhaltung unserer Union, als diplomatischer Vertreter unseres Staatenbundes im Auslande, als beredter und furchtloser Kämpe für Wahrheit und Recht in den Hallen unserer höchsten gesetzgebenden Körperschaft, als Reiniger des Augiasstalles eines der wichtigsten Regierungszweige, als allezeit pflichtgetreuer und opferwilliger Bürger und als begeisterter Vorkämpfer für w a h r e n deutschen Idealismus in Amerika hat er dem deutschen Namen Geltung verschafft, wie kein Anderer.

Nicht nur hier, auch in der alten Heimath, aus der man

ihn dereinst vertrieben, ja in der ganzen civilisirten Welt, erkennt man ihn als den vornehmsten und bedeutendsten Vertreter des Deutschthums in unserer Republik an. Würde irgendwo in der Welt die Frage aufgeworfen, wer wohl der berufenste Vertreter der Deutsch-Amerikaner sei, so würde die einstimmige Antwort lauten: Carl Schurz.

Der „Deutsche Gesellig-Wissenschaftliche Verein von New York", der Sie, Herr Schurz, seit vielen Jahren mit Stolz zu seinen Mitgliedern zählt, wollte Ihren 70. Geburtstag nicht vorübergehen lassen, ohne Ihnen einen Beweis seiner Anerkennung zu geben. Kaum drang die Kunde davon in die Oeffentlichkeit, als die Vertreter anderer hiesiger Vereine eine gemeinsame Feier anregten. Ein spontaner Enthusiasmus ergriff die Herzen der ganzen deutschen Bevölkerung der Vereinigten Staaten, und ich bin heute in der überaus glücklichen Lage, Sie, Herr Schurz, im Namen des ganzen Deutschthums der Vereinigten Staaten als unsern Gast begrüßen zu können.

Noch mehr: Vertreter des deutschen Reiches haben sich eingefunden, nachdem es Sie in Wort und Schrift gefeiert hat, um Ihnen Beweise der Achtung zu bringen, welche man in der alten Heimath für Sie hegt, um Zeugen zu sein von der Liebe und Verehrung, welche Ihnen die gesammte deutsche Bevölkerung unserer neuen Heimath entgegenbringt.

Die heutige Demonstration ist kein Fest, das Ihnen von einigen auserwählten Freunden bereitet wird, sondern ein Fest, zu welchem jeder Deutsche, ohne Unterschied der Lebensstellung, berufen war. Wären sie alle gekommen, die an Ihrem Ehrenfeste theilzunehmen wünschten, so fänden wir in der ganzen Union keinen Saal, der auch nur annähernd geräumig genug wäre, sie alle zu fassen.

Carl Schurz als Journalist.

Rede des Herrn George von Skal

enn ich heute im Namen der deutsch-amerikanischen Presse unserem Jubilar Gruß und Glück-
wunsch darbiete, so bin ich mir wohl bewußt,
daß an meiner Stelle ein Anderer, Aelterer
und Würdigerer stehen sollte, einer jener Gei-
stesheroen, die vor einem halben Jahrhundert hierher kamen,
und denen wir es zu danken haben, daß der in deutscher
Sprache gedruckte Theil der amerikanischen Presse sich aus
einem mühsam sein Dasein fristenden Pflänzchen zu einem
stattlichen Baum entwickelte, dessen Schatten anregend und
befruchtend auf das geistige Leben und die Entwicklung der
ganzen Nation wirkte. Doch ihre Reihen haben sich gelichtet
und einer der Jüngeren muß, mit entschuldbarem Stolz und
hoher Freude, die ehrenvolle Aufgabe erfüllen, den Journalisten Schurz zu begrüßen.

Der Journalist Carl Schurz! Ja, läßt sich ein Schurz
denn in einzelne Theile zerlegen, von denen jeder besonders
betrachtet werden muß? Sollen wir denn immer analysiren
und mit dem Mikroskop arbeiten, statt das Große als ein
harmonisches Ganzes zu bewundern? Hier ist indessen
eine besondere Berechtigung dazu vorhanden, denn wir Journalisten zählen ihn mit Stolz zu den Unseren, nicht nur,
weil er als Redakteur und Schriftsteller Glänzendes geleistet,

sondern vor Allem, weil ihm jener, dem wahren Journalisten angeborene Drang innewohnt, seine Ueberzeugung mit der Feder zu erläutern, zu beweisen und zu vertheidigen. Wo die Gelegenheit, mit dem gesprochenen Wort, das er in so selten großartiger Weise beherrscht, zu wirken, nicht ausreichte, da nahm er das geschriebene Wort zu Hülfe. Auch auf diesem Gebiete war er Meister, aber er schrieb auch, weil er nicht anders konnte, weil der echte Journalist eben schreiben muß, wenn ihm das Herz voll ist. Und er und mit ihm die Anderen, die das Jahr '48 hierher verschlug, die Ottendorfer, Raster, Preetorius, Rapp, Thieme, Hassaurek, Dacuzer, Heinzen, Esselen und wie sie Alle hießen, sie schufen aus kümmerlich vegetirenden Anfängen eine gediegene, kampfbereite, schlagfertige, einflußreiche deutsch-amerikanische Presse, die bald von den Eingeborenen nicht nur b e achtet, sondern auch g e achtet wurde.

Diese Machtstellung erkämpfte sich die deutsch-amerikanische Presse, sobald sie von Männern wie Schurz in die richtigen Bahnen geleitet war, sobald sie nicht mehr eine deutsche Presse in einem fremden Lande, sondern ein Theil der amerikanischen Presse sein wollte. Und seitdem ist sie treu bemüht gewesen, ihre noch lange nicht vollendete Mission weiter zu erfüllen, den Einwanderer mit den Institutionen seines neuen Vaterlandes bekannt zu machen und ihm zu helfen, daß er sich amerikanisirte, ohne sich zu entdeutschen. Es ist nicht wahr, daß die deutsch-amerikanische Presse den Assimilationsprozeß aufzuhalten bestrebt ist, oder gar aufhält. Sie könnte es nicht, selbst wenn sie es wollte; aber es ist ihre heilige Pflicht, diejenigen echt und ausschließlich deutschen Eigenschaften, deren Aufnahme in den noch nicht fertigen amerikanischen Volkscharakter von höchster Wichtigkeit ist, zu hegen und zu pflegen, damit gerade sie nicht in dem Umwandlungsprozeß verloren gehen. Und den Zusammenhang mit dem theuren Mutterlande, mit deutschem Geistesleben und allem, was am deutschen Volke gut und schön ist, kann ja für die meisten Teutsch-Amerikaner nur eine gediegene, hier in deutscher Sprache gedruckte Presse aufrecht erhalten.

In diesem Sinne hat unser Ehrengast, wie auf jedem Gebiete, auch als Journalist gewirkt. Voller Verehrung und Dankbarkeit für die Mutter, deren heiliges Vermächtniß wir nicht aufgeben wollen und dürfen, schulden wir doch der selbstgewählten Braut die Treue, die ohne Anpassung und Anfügung ein werthloses Versprechen bleiben würde. Und wenn heute der junge Journalismus den älteren grüßt, so verbindet er damit die Versicherung, daß das große Vorbild, das ein Carl Schurz gegeben, nicht vergessen ist und nie vergessen werden wird. Freilich, es hat sich Manches geändert, nicht länger greift der Bürger nach der Zeitung, um sich aus ihr Rath zu holen, nicht mehr schöpft die große Masse, die wir öffentliche Meinung nennen, ihre Ansichten aus der täglichen Presse. Von Ausnahmen abgesehen, sucht der Leser heute die Zeitung, welche seine bereits gefaßte Meinung wiederspiegelt. Das erschwert die Arbeit des modernen Journalisten, denn es erfordert mehr Prinzipientreue und Selbstlosigkeit, als das Publikum denkt, an Dem festzuhalten, was man für richtig erkannt hat, ohne Rücksicht auf zeitweilige Strömungen, zumal bei der deutschen Presse, die sich nicht im Handumdrehen einen neuen Leserkreis zu verschaffen vermag.

Wir jungen Journalisten haben unser Selbstbewußtsein, wir wissen, daß wir treu und ehrlich in aufopfernder Weise Das verfechten, was wir für recht und richtig, für gut und

praktisch halten. Und desto bereitwilliger beugen wir uns vor
einem Manne, der sein ganzes Leben hindurch, ohne Rücksicht auf Angriffe, auf Schmähungen, auf Gefahr für Leib
und Leben, auf persönlichen Vortheil, für seine Ueberzeugung
eingetreten ist. Das hat er gethan, täglich und stündlich,
unter den schwierigsten Verhältnissen, ohne auf Dank oder
Anerkennung zu rechnen. So geht es auch uns, und wenn
wir uns auch nicht den Werth eines Schurz beimessen, weder
einzeln noch als Gesammtheit, so dürfen wir doch sagen, daß
unser Loos dem seinen in jenem Punkte ähnelt. Ein Journalist, der sich nicht im Kampfgewühl am wohlsten fühlt, ist
nicht viel werth, und Carl Schurz hat sein ganzes Lebenlang
gekämpft. Ihn grüßen wir; ihm danken wir für das Vorbild, das er uns gegeben; ihm geloben wir, seine Mahnun-
gen nie zu vergessen; und ihm wünschen wir noch lange
Jahre goldenen Alters in rüstiger Zufriedenheit. Carl Schurz,
der Journalist, der Wecker und Mahner, der Führer im
Streite, der allzeit gewappnete, rastlose Kämpe mit Wort und
Schrift, der treue Freund und ehrliche Feind, er lebe hoch!

Carl Schurz als Staatsmann.

Rede des Herrn Dr. jur. H. W. Rolle

Ich danke Ihnen herzlich für Ihren freundlichen Empfang, sowie für die hohe Ehre, welche mir ertheilt wurde, diesen Toast zu beantworten.

In der deutsch amerikanischen Geschichte steht dieses Fest einzig da — und betrachte ich es daher als eine besondere Auszeichnung, neben all' den beredten Herren aus dem alten Vaterlande der einzige Redner zu sein, welcher nicht die Etikette trägt: "Made in Germany." Als Vertreter der hiergeborenen, zweiten Generation, als Amerikaner deutscher Abkunft, schätze ich mich doppelt glücklich, Gelegenheit zu haben, namens dieses Theiles unsrer Bevölkerung zu bezeugen, daß wir an herzlicher Verehrung, Liebe und Dankbarkeit gegen Herrn Schurz unsern Eltern und deren Zeitgenossen keineswegs nachstehn.

Daß wir die Carrière unsres Ehrengastes von einem anderen Standpunkte ansehen und beurtheilen, als unsre eingewanderten Stammesgenossen, ist bei dieser Feier unwesentlich. Nicht um Differenzen zu betonen, auch nicht um Principien zu behaupten, sind wir hier versammelt, — sondern wie gerade durch die Verschiedenheit der Töne die schönste und vollste Harmonie entsteht, so vereinigt sich zu diesem Feste, hier und wo immer sonst es mitgefeiert wird, das gesammte Deutschthum Amerika's, aus allen Parteien und

Fractionen, um vereint wie noch nie, den schönsten Empfin-
dungen des menschlichen Herzens Ausdruck zu geben: nämlich
der Verehrung für das Wahre, das Gute und das Schöne
— gegenüber einem Manne, dessen Character diese Eigenschaften in sich vereinigt.

Mit Stolz dürfen wir behaupten, eine solche Feier ist
in ihrem innern Wesen echt deutsch — in ihrem äußerlichen
Umfang aber echt amerikanisch. In Deutschland wissen wir,
daß politische Differenzen auch im Privatleben eine große
Rolle spielen; selbst bei Bismarck's 80. Geburtstage fehlten
die Gratulationen so mancher principientreuer Fractionen und
Fractiönchen, welche, vielleicht nicht mit Unrecht, fürchteten,
eine nur menschlich gedachte Huldigung könnte als politische
Schwäche angesehen werden. Unsere Feier steht glücklicher-
weise auf einem freieren und höheren Standpunkte, welcher
treffender, schöner und herzlicher gar nicht dargelegt werden
kann, als dies unser Ehrengast selbst gethan — vorige Woche,
bei dem amerikanischen Bankett zu seinen Ehren. Jene Rede
allein genügte, um unsern Jubilar den größten Meistern des
Wortes an die Seite zu stellen, und um alles Günstige zu
rechtfertigen, welches dieser Tage über ihn gesprochen wird.

Somit schätze ich mich besonders glücklich, mitfeiern zu
dürfen: als ein dankbarer Schüler zwar, — aber ich fürchte,
Herr Schurz würde hinzusetzen — nicht immer ein gelehriger
und manchmal sogar ein recht widerspenstiger Schüler! Erlauben Sie mir aber, mich trotz alledem auf die anwesenden Päda-
gogen zu berufen, ob nicht oft gerade die wildesten Schlingel
den Lehrer persönlich aufs aufrichtigste lieben und ehren! Ich
soll von ihm als Staatsmann reden — und als den
größten — fast den einzigen — deutsch amerikanischen Staatsmann seiner Epoche wird ihn die Geschichte zweifellos feiern.

In den engen Grenzen einer Tischrede erwarten Sie aber nur die Erwähnung einiger Hauptmomente seiner Carrière, über welche die Geschichte schon ihr Urtheil gesprochen hat.

Das erste und vielleicht immer noch das größte staatsmännische Verdienst, welches sich Herr Schurz um sein Adoptiv-Vaterland erworben hat, war die Uebertragung des deutschen freiheitlichen Idealismus und des deutschen tiefernsten Pflichtgefühls in den Kampf gegen die Sklaverei.

Es waren, idealistisch und sittlich angesehen, keine schönen, anziehenden oder begeisternden Verhältnisse, welche der junge Flüchtling bei seiner Ankunft hier vorfand. Es war die unselige Compromißzeit von 1850. Alles war bemüht, den Krebsschaden an unserm Volkskörper durch Salben und Pfläserchen zu verdecken. Es gehörte zum guten Tone, von der Sklaverei recht allgemein und recht milde zu reden, und das Gespenst einer Zergliederung der Union schreckte so manchen ehrlichen Kämpfer ab.

Auf der andern Seite wurde der Idealismus der Abolitionisten dadurch getrübt und geschwächt, daß dieselben offen einer Trennung vom Süden das Wort redeten und die Verfassung als einen Bund mit dem Teufel verabscheuten. Beide Extreme waren unhaltbar — keines derselben traf den Kern der Sache. Es bedurfte eines neuen, frischen Geistes, um die nebelhaften Verfassungsstreitigkeiten zu durchdringen und mit unerbittlicher Schärfe dem Volke die ewigen sittlichen Wahrheiten ins Gewissen zu rufen.

Was Deutschland im Jahre 1848 nicht würdigen konnte, kam uns zu Gute. Der Stein, den dort die Bauleute verworfen hatten, wurde zum Eckstein unserer freiheitlichen Entwickelung. Wir verdanken den höheren Schwung unserer Politik von 1856 bis zum Bürgerkrieg wesentlich der Befruchtung durch

den Geist von '48 — angedeutet durch Namen wie Schurz,
Hecker, Münch, Stallo, Körner, Kudlich, Wesendonck, Sigel,
Jacobi, Prectorius und viele Andre.

Die Reden unsres Jubilars aus jener Zeit sind mehr
als großartige sprachliche und oratorische Leistungen — sie sind
staatsmännische Thaten — welche einen mächtigen Wiederhall
im ganzen Lande fanden und den Sklavenbaronen ankündig-
ten, daß ihre Stunde endlich geschlagen. Dasselbe gilt von
seiner berühmten Depesche, welche er im Anfang des Krieges
als Gesandter in Spanien an die Regierung richtete, und
worin er ganz meisterhaft die Lage eines noch unemancipirten
Amerika vor der öffentlichen Meinung Europa's zeichnete.

Aus dem jungen, feurigen Enthusiasten sprach das sitt-
liche Empfinden des Deutschen Volkes, und dieses Land war
und ist zu germanisch, um diesem Empfinden jemals fremd
oder ablehnend gegenüber zu stehn.

Der Krieg kam — und aus seinem läuternden Feuer erstieg
ein neues, äußerlich geeinigtes, innerlich aber noch zerrissenes
Volk, welches staatsmännische Probleme von ungeahnter und
nie dagewesener Schwierigkeit lösen mußte.

Wiederum war es Schurz, welcher mit klarem Blick innere
Versöhnung als die erste nothwendige Vorbedingung jedes
wahren Fortschritts erkannte. Als der Erste einer predigte
er schon unter Lincoln's Nachfolger Friede, Vergebung und
gegenseitiges Vertrauen den ehemals feindlichen Brüdern.

Ob der Gedanke damals verfrüht war? Wer kann es
jetzt wissen! Aber daß derselbe dem patriotischen Herzen und
dem Scharfblick des jungen Staatsmannes die höchste Ehre
macht, ist sicher. Gewiß erhöht es die Festfreude unsres Jubilars, daß er heute, nach einem Menschenalter, und aller-
dings nach einem zweiten folgenschweren Kriege, alles das ver-

wirklich sieht, was er damals in reiner Vaterlandsliebe an-
gestrebt.

Seinem wichtigsten und noch unvollendeten Kampfe —
gegen das ruchlose Beutesystem in der Politik — auch nur
annähernd Gerechtigkeit widerfahren zu lassen — dazu gebricht
mir die Zeit und Ihnen die Geduld. Als Vorkämpfer für
Civildienst-Reform ist Herr Schurz der Genosse jedes Patrioten — in jeder Partei — mit jedwelcher politischen Ansicht.
Ebenso sieht jeder Spitzbube, der die Politik zu selbstsüchtigen
Zwecken entwürdigen möchte, wo er auch sei — und was er
sich auch nennen mag, — in Herrn Schurz einen gefährlichen
und unversöhnlichen Gegner. Und das nenne ich des Staatsmannes höchsten Ruhm: wo es sich nicht um Meinungsverschiedenheiten, sondern, wie z. B. in Fragen der Verwal-
tungsreform, um Recht oder Unrecht handelt, da fällt es Niemand ein, nur zu fragen, auf welcher Seite Herr Schurz zu
finden sei. Dort, wo der Kampf am heftigsten tobt: wo es
gilt mit Vernachlässigung aller persönlichen Vortheile das
höchste Ideal zu vertheidigen — dort werden Sie sein Panier
zu jeder Zeit leuchtend und unbefleckt finden!

Der künftige Historiker mag es als eine bedeutsame und
für Deutschland keineswegs ehrenvolle Thatsache ansehen, daß
für Herrn Schurz oder auch für seine Gesinnungsgenossen im
alten Vaterlande, auch nach dessen Wiedergeburt und Eini-
gung, ein passender Wirkungskreis nicht zu finden war. Was
Deutschland dabei verloren, ist aber Amerika's Gewinn, und
mit tiefer Weisheit hat Herr Schurz in einer seiner größten
Leistungen — in der gewaltigen Friedensrede in Nashville —
es nicht nur als keinen Nachtheil, sondern als einen großen
Vortheil für sein besonderes Werk in den Vereinigten Staaten
anerkannt, daß er durch seine ausländische Geburt von allen

Präsidentschaftsgelüsten auf immer befreit war. In seiner Biographie Henry Clay's, welche ein Lehrbuch ächt amerikanischer Staatsweisheit genannt zu werden verdient, beschreibt unser Ehrengast anläßlich der Erfahrung Albert Gallatin's — eines Staatsmannes, mit welchem er so manche Aehnlichkeit hat — die Schwierigkeiten, mit denen ein Ausländer in der Politik selbst in diesem gastfreien und vorurtheilsfreien Lande zu kämpfen hat. Dieselben Politiker, welche ihn, so lange er mit ihnen übereinstimmt, für einen tiefen Denker und weisen Führer erklären, sprechen am geringschätzigsten von seiner entgegengesetzten Ansicht als dem „unwissenden und anmaßenden Vorurtheil eines Fremden". Auch diesen Kelch hat Herr Schurz zur Neige leeren müssen, und es ist daher mit um so größerer Freude, daß wir heute constatiren können: die Hochachtung und Verehrung, zu welcher sein siebzigster Geburtstag Anlaß giebt, ist bei Amerikanern ebenso enthusiastisch zum Ausdruck gekommen, wie unter Deutschen.

Für das richtige Verhältniß des Deutschgeborenen zum Amerikaner ist die Carrière des Herrn Schurz ein ideales Beispiel. Mit vielem Geschick und nicht ohne Kampf vermied er es, die lächerlichen Manöver so vieler deutschen Radikalen mitzumachen, welche von einem deutschen Staate träumten und ihre unverschämt abfälligen Urtheile über die ihnen wirklich fremden amerikanischen Verhältnisse ganz ernsthaft nahmen. Auf der andern Seite war er stolz auf den geistigen Adel seiner Abstammung und verstand es meisterlich, dem verbissensten Knownothing durch nicht zu verkennende Ueberlegenheit zu imponiren. Nicht Feindschaft, sondern das innige, aufrichtige Zusammengehen der germanischen Rasse ist sein Ideal, wie dasjenige aller seiner tiefer denkenden Zeitgenossen.

Karl Schurz als Staatsmann — soll ich diesen Begriff
zusammenfassen und umschreiben, so möchte ich sagen, er ist
eine Verkörperung des deutschen Strebens in der Politik:
des Dranges nach Freiheit, den schon Tacitus beschreibt,
dann aber nach geordnetem, sittlich geläutertem, immer höher
und weiter strebendem Wirken, dessen Ziel, wie dasjenige
aller Entwicklung, die höchste Vervollkommnung des Charakters ist. Daß dieser Trieb, sei es friedlich, sei es durch die
Ueberlebung des Passendsten, schließlich die ganze Erde erfüllen muß, ist wenigstens ein schöner Traum. Daß derselbe
aber in unserm Jubilar eine herrliche Blüthe gezeitigt, das
ist die erfreuliche Wirklichkeit. Darum ehren wir mit ihm
uns selbst und unsre eignen Ideale.

Meine Freunde! Wir stehen an der Wende des Jahrhunderts. Der amerikanische Adler streckt seine Fittiche zu
höherem und weiterem Flügelschlage. Nie konnten wir stolzer
sein, freie Amerikaner zu heißen — niemals aber — selbst in
den dunkeln Tagen der ersten Thätigkeit des Herrn Schurz,
hatte unser Vaterland wichtigere und schwierigere und gefähr-
lichere Probleme zu lösen.

Es gilt — gleich entfernt von Leichtsinn und Verzagtheit,
tapfer und besonnen den Pfad zu verfolgen, welchen die
Pflicht uns zeigt. In seiner unvergleichlich schönen Antwort
an seine Freunde letzten Donnerstag hat Herr Schurz die
gänzliche Nichtberechtigung des politischen Pessimismus, der
Verzagtheit an unserm Volke dargewiesen. Wir haben alle
Ursache, zu hoffen und zu glauben, daß das amerikanische
Volk — verbunden mit seinen beiden großen germanischen
Schwesternationen, trotz allen drohenden Gefahren, einer grö-
ßeren und edleren Zukunft entgegengeht. In dem mühsamen
Bestreben, dies zu erreichen, muß noch viel gerungen, gekämpft

und gelitten werden. Eines der besten Vorbilder für dieses
Werk, daran noch so mancher ermüdete aber ehrliche und
patriotische Mitarbeiter sich erfreuen, erquicken und begeistern
kann, wird das Leben und der Charakter des Mannes sein,
den wir heute feiern, und deshalb bitte ich sie, anzustoßen auf
den Staatsmann Carl Schurz — er lebe hoch!

Ein Bürger zweier Welten.

Rede des Herrn Professor Kuno Francke von der Harvard-Universität

---

Ich halte es nicht für meine Aufgabe, zu versuchen, dem, was während der vergangenen Woche zum Preise unsres verehrten Landsmannes von hervorragenden Männern diesseits wie jenseits des Oceans gesagt worden ist, noch irgend etwas Wesentliches hinzuzufügen. Wie sollte ich, der Stubengelehrte, es wagen, die Thätigkeit eines Mannes zu schildern, der, zugleich Journalist, Historiker, Redner, Soldat und Staatsmann, auf jedem Gebiete des öffentlichen Lebens reformirend, reinigend, aufklärend, bahnbrechend gewirkt hat, und dessen schöpferische Prinzipien, verkörpert in weisen, staatserhaltenden Institutionen, noch leben werden, wenn der Lärm des Parteikampfes, dem sie entstiegen, schon längst verhallt und verklungen sein wird. Nicht diese Thätigkeit selbst also will ich versuchen darzustellen; wovon ich sprechen möchte, das ist der Geist, der dieser Thätigkeit zu Grunde gelegen, die Gesinnung, welche einen Mann wie Carl Schurz möglich gemacht hat.

„Weite Welt und breites Leben,
Langer Jahre redlich Streben,
Stets geforscht und stets gegründet,
Nie geschlossen, oft gerundet,
Aeltestes bewahrt mit Treue,
Freundlich aufgefaßtes Neue,
Heitern Sinn und reine Zwecke:
Nun, man kommt wohl eine Strecke."

In diesen Worten hat der alternde Goethe sich selbst und die Ideale seines reichen Lebens mit ergreifender Wahrhaftigkeit und Würde geschildert. Er hat in ihnen aber nicht nur sich selbst geschildert. Er hat in ihnen zugleich dasjenige ausgesprochen, was all' den großen deutschen Männern der klassischen Litteraturperiode ihre höchste und beste Bedeutung giebt: die weltbürgerliche Weitherzigkeit, die pietätvolle Verehrung volksthümlicher Sitte, die jugendliche Empfänglichkeit für das Ideale, die reine unbestechliche Wahrheitsliebe, den unablässigen Drang zur Selbstvervollkommnung, den unerschütterlichen Glauben an den Fortschritt der Menschheit und den endlichen Sieg des Guten — kurz, den heroischen Optimismus, der aus Kant's Kritik der reinen Vernunft und Fichte's Reden än die deutsche Nation nicht weniger hervorleuchtet als aus Schiller's Wilhelm Tell und Goethe's Faust oder aus Körner's Leyer und Schwert.

Bedarf es des Beweises, daß dies der Boden ist, in dem auch Carl Schurz die Wurzeln seiner Kraft sich hat anklammern lassen? Ist nicht die ganze 48er Bewegung, in der er sich die ersten Sporen ritterlicher Mannhaftigkeit verdiente, ein geradezu klassischer Ausdruck des jugendlichen Enthusiasmus für Recht und Freiheit, welchen die Schriften unserer großen Denker und Dichter seit Menschenaltern im Stillen genährt hatten, und der nun zum ersten Male mit der unwiderstehlichen Gewalt eines Volkssturmes über die dürren Steppen eines abgelebten Absolutismus dahinbrauste? Und der junge Student, der mit Daransetzung seines Lebens seinen Lehrer aus der Nacht des Gefängnisses befreite, war er nicht ein würdiger Jünger Fichte's?

Leider bot unser Vaterland in dem Jahrzehnt, welches auf jene kühne That des Studenten Schurz folgte, keine

Gelegenheit zur Entfaltung einer Thätigkeit, die solchen Ge-
sinnungen wie diese entsprochen hätte; und so ist es gekommen, daß Carl Schurz, anstatt eines Mitbegründers der deutschen Einheit, ein amerikanischer Publizist und Staatsmann
geworden ist.

Aber auch in dieser neuen Laufbahn hat er nicht die
Traditionen seiner geistigen Abstammung verleugnet; von
seinem Eintreten für die Menschenrechte der Neger und von
seinen Bemühungen um die geistige Hebung der Indianer an
bis zu seinen epochemachenden Bestrebungen für die Reform
des Beamtenthums und seiner Stellungnahme gegen die Sil-
berwährungsphantasten; von seiner Theilnahme an dem Wahl-
feldzuge für Abraham Lincoln bis zu seiner gewaltigen Rede
gegen J. G. Blaine; von seinem Protest gegen die Annexion
San Domingo's bis zu seinen Trompetenstößen für die Befreiung Cuba's; und endlich von seinen eigenen kriegerischen
Thaten auf den Schlachtfeldern um Gettysburg bis zu seiner
Verdammung einer Politik, die zu der schmachvollen Nieder-
metzelung von Tausenden halb wehrloser Wilder geführt hat.

Und nun zum Schluß eine ernste Frage. Sind wir
Deutsch-Amerikaner, als Ganzes genommen, eines solchen
Führers und Vertreters wie Carl Schurz werth? Ich weiß
es wohl, unsere amerikanischen Mitbürger rühmen uns Red-
lichkeit, öffentlichen Sinn, und manche andre bürgerliche
Tugend nach. Und wer könnte sich eines stolzen Gefühles
erwehren, wenn er eine Versammlung, wie die heutige, über-
blickt und all des technischen Talentes, all' der kaufmänni-
schen Thatkraft, all' der selbstlosen Hingabe an wohlthätige
und gemeinnützige Zwecke gedenkt, die in diesen Hunderten
von Festtheilnehmern repräsentirt sind? Aber wie steht es
mit jener höheren geistigen Erbschaft, die Carl Schurz in

so hervorragender Weise fruchttragend gemacht hat? Besteht
bei der großen Mehrheit des Deutsch-Amerikaners doch nicht
ein recht bedenkliches Mißverhältniß zwischen äußerem Erfolg
und innerer Bildung? Stehen wir in d e r Beziehung nicht
weit hinter der Masse der gebildeten Deutschen im alten
Vaterland zurück?

Das sollte nicht so sein. Nicht nur uns selbst, sondern
auch dem großen amerikanischen Gemeinwesen sind wir es
schuldig, das Beste, was die alte Heimath uns mit auf den
Weg gegeben hat, auf das emsigste zu pflegen und auszubil-
den. Denn nur so können wir die Schuld abtragen, die der
Genuß der Freiheit einem jeden Bürger auferlegt. Nur so
können wir dem gewaltigen nationalen Körper, den wir
gewissermaßen vor unseren Augen aus den mannigfachsten
Bestandtheilen zusammenschießen sehen, ein neues geistiges
Lebenselement zuführen. Nur so können wir dazu beitragen,
etwas zu schaffen, was die bloße Freiheit niemals geben
kann: echte Volkssitte und echte Volksgenossenschaft.

Und so lassen Sie mich hoffen, daß der Name Carl
Schurz unsern Kindern und Kindeskindern als leuchtendes
Symbol alles dessen vorschweben wird, was die Verbindung
von deutscher Zucht und amerikanischer Energie vollbringen
kann; lassen Sie mich hoffen, daß sein Beispiel dazu dienen
wird, die Masse der Deutsch-Amerikaner auf eine immer
höhere Stufe sittlicher Kultur zu heben. Auf das Gedeihen,
den geistigen Fortschritt, den wachsenden Einfluß und die
unwandelbar patriotische Gesinnung der Deutschen in Amerika
erhebe ich mein Glas!"

Rede des Herrn Carl Schurz.

eine Freunde!

Meinen Dank für die Ehre, mit der Sie mich überhäufen, kann ich Ihnen nur in sehr ungenügender Weise aussprechen. Daß ich diese Zeichen Ihrer Achtung und Freundschaft überaus hoch schätze, bedarf gewiß keiner Versicherung. Glauben Sie mir, es ist keine Ziererei meinerseits, wenn ich Ihnen sage, daß die Anerkennung und die freundschaftliche Gesinnung, die mir dieser Tage von allen Theilen der Vereinigten Staaten, sowie vom alten deutschen Vaterlande zugeströmt sind, und die an diesem Abend einen so beredten Ausdruck gefunden, durch ihre Fülle und Eigenthümlichkeit mich in einen Zustand, ich möchte fast sagen hilflosen Erstaunens versetzen. Ich erfahre darin so viel über mich, an Das ich selbst nie gedacht habe. Ich habe nie gewußt, daß ich hüben und drüben so sehr viele Freunde besitze, so viele auch unter politischen Gegnern, und daß diese Freunde über meine Bestrebungen eine so gute Meinung hegen. Wie herzlich dankbar ich Ihnen und Allen, die mir diese beglückende Gewißheit gegeben haben, dafür bin, könnte auch das stärkste Wort kaum stark genug ausdrücken. Ich muß Sie also bitten, mit dem schwachen Wort zufrieden zu sein.

Hier sind wir in einer Halle versammelt, in der das deutsche Lied auf seinem unwiderstehlichen Eroberungszuge

über die ganze Welt eine Heimath gefunden hat. Hier klin-
gen uns die trauten Töne der Sprache entgegen, die wir als
Kinder von den Lippen unserer Mütter gehört, die uns in
allen Kämpfen und Wechselfällen des Lebens lieb geblieben
ist, die uns Aelteren bis zum Ende unserer Tage lieb bleiben wird und die unseren Kindern lieb bleiben sollte. Hier
hören und fühlen wir noch Etwas von den sentimentalen
Eichen unseres schönen alten Vaterlandes. Hier begrüßen
wir einander als amerikanische Bürger deutschen Stam-
mes, die durch gemeinsamen Ursprung, gemeinsame Schicksale
und gemeinsame Sympathien in ihren Gefühlen verbunden sind.

Es ist mir die Ehre geworden, in vielen der Briefe und
Adressen, mit denen die Teutsch Amerikaner mich erfreut haben,
als ein Vertreter des Teutschthums im öffentlichen Leben
unserer Republik bezeichnet zu werden. Diese Ehre kann ich
guten Gewissens insofern annehmen, als bei all meinen Be-
theiligungen an öffentlichen Angelegenheiten mir als einem
deutsch geborenen Bürger stets der Gedanke gegenwärtig war,
daß ich vor Allem dem deutschen Namen in Amerika niemals
Schande machen dürfe. Das ist mein redliches Bestreben
gewesen. Aber ich habe mir niemals angemaßt, mich als
den Führer der Amerikaner deutschen Namens so aufzuwerfen,
als ob ich in irgend einer Weise verlangt oder erwartet
hätte, daß die Teutsch Amerikaner mehr als irgend ein anderer Theil der Bevölkerung meine Meinungen unüberlegt annehmen oder meiner Führung blindlings folgen sollten. Ich
habe stets nur an ihre gesunde Vernunft, ihr Pflichtgefühl,
ihre Ehre und ihren Patriotismus appellirt und nie verfehlt,
sie zu mahnen, daß es die erste Pflicht des Bürgers sei, bei
der Ausübung seiner politischen Rechte sich nach bestem Wis-

sen und Können eine eigene Ueberzeugung zu schaffen und
dann mit unerschrockenem, opferwilligem Muthe dieser Ueberzeugung nach zu handeln.

Sie erinnern sich des Wortes: "He serves his party
best, who serves his country best." Wer dem Lande
am besten dient, dient seiner Partei am besten. Und so habe
ich immer geglaubt, daß diejenigen Teutsch-Amerikaner das
Teutschthum in Amerika am besten vertreten und am wirk-
samsten heben, die im besten Sinne des Wortes bestrebt sind,
dem Lande nützlich zu sein, ihre politischen Rechte gewissen-
haft auszuüben und ihre vollen Pflichten im Gemeinwesen zu
erfüllen. Und solcher Vertreter giebt es viele unter uns.
Wenn die gerechte Geschichte von Denjenigen spricht, die die
Wildnisse dieses Kontinents in blühende Gärten verwandel-
ten, die in der amerikanischen Einöde geschäftliche Märkte
aufbauten, die Städte mit fleißigen, ordnungsliebenden Bürgern füllten, die Pflegeschulen der Volkserziehung und der
Wissenschaft mit wirksamen Lehrkräften und gründlichem For-
schungsgeist beseelten, und in Zeiten der Gefahr mit freudiger
Opferwilligkeit ihr patriotisches Blut in Strömen vergossen,
so wird sie zahllose deutsche Namen nennen. Sie wird mehr
sagen. Sie wird von den Teutschgeborenen als derjenigen
Klasse von Bürgern sprechen, deren konservativer Sinn, ohne
im Geringsten vernünftiger Neuerung abhold zu sein, den
Wirbelstürmen der Volkslaune, die wir "crazes" nennen,
und die dann und wann mit scheinbarer Unwiderstehlichkeit
über das Land segen, mit der kühlsten und festesten Beson-
nenheit entgegen standen. Sie wird von ihnen sprechen als
demjenigen Theil der Bürgerschaft, der sich am wenigsten
von einem despotischen Parteigeist dauernd knechten ließ, besonders wenn es die Aufrechterhaltung der Ehrlichkeit im

öffentlichen Wesen galt. Sie wird noch mehr sagen. Sie
wird den Amerikanern deutschen Blutes das Zeugniß geben,
daß die warme und pietätvolle Liebe, die sie dem alten Vaterlande bewahrten, ihrer treuen Liebe für die amerikanische
Republik und der treuen Ausübung ihrer amerikanischen Bür-
gerpflicht nie den geringsten Eintrag that und sie nie dazu
verleitet hat, mit ihrem Einfluß in der amerikanischen Politik Interessen zu dienen, die nicht amerikanische waren. Und
noch mehr. Sie wird ihnen das große Verdienst zusprechen,
in das amerikanische Leben mit seiner rastlosen aufreibenden
und gar zu ernsthaften Geschäftigkeit ein Element gepflanzt
zu haben, das ihm peinlich fehlte und dessen weitere Entwickelung in der Landessitte dem amerikanischen Volke ein
unschätzbarer Segen sein wird: das Element der geselligen Pflege der Kunst und des harmlos frohsinnigen Lebens-
genusses.

Sie sehen, es hat auf den verschiedenen Feldern mensch-
licher Thätigkeit nie an würdigen Vertretern des Deutschthums in Amerika gefehlt, und Jedermann mag stolz darauf
sein, in ihren Reihen genannt zu werden. Dies ist gewiß
nicht der Ort und die Stunde, um öffentliche Fragen zu
besprechen, über welche ehrliche Meinungsverschiedenheiten be-
stehen. Und ich rechne es mir zur besonderen Ehre an, bei
diesem Feste Männer zu sehen, deren Ansichten über diese
und jene Punkte mit den meinen nicht übereinstimmen. Für
ihre Gegenwart bin ich in einem besonderen Sinne dankbar.
Aber ich möchte doch einen Gegenstand von öffentlichem Interesse berühren, der uns Deutschgeborene eigenthümlich angeht
und über den, wie ich hoffe, unsere Meinungen und Gefühle
nicht weit auseinander laufen. Es ist in unsern Tagen viel-
fach davon die Rede, daß das Deutschthum in Amerika im

Niedergang begriffen sei, in Folge der verminderten deutschen Einwanderung, des Absterbens der alten Generation und der völligen Amerikanisirung der neuen. Thatsache ist, daß das Deutschthum in Amerika schon verschiedene Male in ähnlicher Weise in sogenanntem Niedergange gewesen ist und sich dann in Folge wachsender Einwanderung von wünschenswerthen Elementen im Punkte der Zahl, des Charakters und der Lebensfähigkeit wieder gehoben hat. Und diese Einwanderung hängt von politischen und ökonomischen Verhältnissen ab, die großem Wechsel unterworfen sind. Der Niedergang mag sich daher bald in ein neues Aufleben verwandeln, wie er das schon früher gethan hat.

Was nun die Amerikanisirung der zweiten Generation und der darauf folgenden betrifft, so ist das ein ganz natürlicher und nothwendiger Prozeß, bei dem nur zu wünschen ist, daß er in der dem Gesammtwohl ersprießlichsten Weise stattfinde. In der That soll sich ja die erste Generation der Eingewanderten schon amerikanisiren. Und sie thut es auch. Der geborene Deutsche, der sich hier in dieser neuen Heimath seiner Wahl niederläßt, soll schnell verstehen lernen — und die meisten lernen es schnell verstehen — daß dies nun sein Land ist, daß mit der Wohlfahrt dieses Landes seine eigene und die seiner Nachkommenschaft auf's Innigste verbunden ist, daß es ihm und seinen Stammesgenossen nicht einfallen darf, hier eine abgesonderte Nation bilden zu wollen, daß er als Deutsch-Amerikaner keine ausnahmsweisen Rechte, oder Pflichten, oder Interessen hat, sondern nur die Rechte und Pflichten und Interessen des amerikanischen Bürgers, daß er die Verantwortung des amerikanischen Bürgers unter den freien Institutionen der Republik wohl begreifen soll, um seine politischen Rechte im allgemeinen Interesse ehrlich und verständig

auszuüben, daß seine eigene Freiheit, sein eigenes Recht und
seine eigene Zukunft am sichersten gewahrt sind in der Frei=
heit, dem Recht und der Zukunft Aller, und daß er der
amerikanischen Republik seine vollste Ergebenheit und, wenn
es noth thut, sein Gut und Blut schuldet.

Aber dieser nothwendige Amerikanisirungs-Prozeß schließt
keineswegs ein, daß der Eingewanderte die guten und wün=
schenswerthen Eigenschaften, Denkarten und Sitten, die er
von der alten Heimath mitgebracht hat, in der neuen baldigst
abwerfen soll, um sich dafür andere anzuschaffen. Im Gegen=
theil, er würde damit seiner neuen Heimath etwas Werth=
volles entziehen. Wie hoch wir auch die großen Eigenschaf=
ten des Angelsachsen anschlagen und achten mögen, so können
wir doch diese geschichtliche Thatsache nicht verkennen: das
Volk der Vereinigten Staaten ist bestimmt, die große Sam=
melnation der Welt zu sein, in der die lebensfähigen Kraft=
elemente aller civilisirten Völker zu einem neuen Ganzen zu=
sammenfließen. Es ist die natürliche Pflicht eines jeden dieser
Elemente, dem neuen Ganzen die besten seiner Eigenschaften
mitzutheilen und die besten der von dem Anderen gebotenen
Eigenschaften anzunehmen. Wenn wir Deutsch-Amerikaner
die besten Züge unseres Charakters, unseres Denkens und
unserer Sitten hier gänzlich verschwinden ließen, so würden
wir unsere Pflichtbestimmung im Wachsthum der großen
Sammelnation von dem Gesichtspunkt wahrer Amerikanisirung
aus auf beklagenswerthe Weise verfehlen. Von gutem deut=
schem Geist und deutschen Sitten hat sich Manches auch weit
über die deutschen Kreise hinaus im amerikanischen Leben
so fest eingewurzelt, daß es nicht mehr zu entwurzeln ist.
Sorgen wir dafür, daß diese gesunden und nützlichen Ein=
flüsse sich in bester Gestalt immer weiter verbreiten. Hören

wir auch nicht auf, hier die deutsche Sprache zu pflegen. Sie ist nicht allein ein fruchtbares Element der Erziehung und Bildung, sondern auch ein wesentliches Bindemittel in der Aufrechterhaltung der geselligen Kunstpflege und der Förderung lebensfroher Sitten.

Lassen Sie sich nicht durch den engherzigen Einwurf stören, daß es die erste Pflicht des Eingewanderten ist, Englisch zu lernen. Natürlich ist Das seine Pflicht, sein offenbares Interesse. Niemand weiß Das besser und würdigt Das mehr als ich, und Niemand hat es seinen Stammesgenossen beständiger gepredigt. Aber ich habe nie verstehen können, daß man, um Englisch zu lernen, das Deutsche vergessen muß. Die deutsche Sprache ist ein so werthvoller Schatz, daß unzählbare Tausende, die ihn nicht besitzen, sich mit saurem Fleiß bemühen, ihn zu erwerben. Ist es nicht frevelhafter Leichtsinn, wenn Einer, dem dieser Schatz so zu sagen in der Wiege zum Geschenk gemacht worden ist, ihn verächtlich wegwirst, statt ihn wie ein kostbares Kleinod zu pflegen! Es hat schon manchen Menschen gebildeter und gescheidter gemacht, aber niemals seinem Charakter, seiner Fähigkeit oder seinem Patriotismus geschadet, wenn er mehr als eine Sprache besaß. Wer von uns neben der erlernten englischen Sprache die Pflege der deutschen beibehält, wird dadurch nicht ein schlechterer Patriot, sondern ein gebildeterer Amerikaner.

In allen Dingen aber bleibe die Pflicht, die wir dieser großen Republik schulden, das erste und mächtigste Motiv unserer Bestrebungen. In Wort und That sollen wir niemals einen Zweifel darüber zulassen, daß wir die Segnungen, die wir unter den freien Institutionen unseres Adoptivvaterlandes genießen, mit dankbarem Sinn auf das höchste

schätzen, und daß nur diejenigen wahre Vertreter des Deutschthums in Amerika sind, die sich als die treuesten und patri-
otischesten Bürger bewähren.

Bevor ich schließe, muß ich der Deutschen Botschaft in
Washington meinen herzlichen Dank für die Ehre aussprechen,
die sie mir erwiesen hat, indem sie zu diesem Feste einen so
würdigen und beredten Vertreter sandte. Und ich darf wohl
bei dieser Gelegenheit uns Alle dazu beglückwünschen, daß die
alte Freundschaft zwischen den Vereinigten Staaten und
unserem alten Vaterlande so fest steht, und daß die nichts-
würdigen Versuche, die jüngst gemacht wurden, diese Freundschaft zu stören, zu Schanden geworden sind.

Nun noch ein letztes Wort des Dankes für alle Ihre
Güte. Als ich im Jahre 1888 den Fürsten Bismarck in
Berlin besuchte (er war damals 73 Jahre alt) bemerkte er
im Laufe des Gespräches: „Ach, die ersten 70 Jahre des
menschlichen Lebens sind doch die besten!“ Ich las später
in den Zeitungen, daß er diese Bemerkung Anderen gegenüber ebenfalls gemacht habe. Dies war mir angenehm zu
wissen, denn es zeigte, daß selbst ein so großer und mächtiger
Mann wie Bismarck nicht darüber erhaben war, seine eigenen
Witze mehrmals anzubringen. Gewöhnliche Sterbliche, die
Das auch thun, brauchen sich nun nicht mehr zu schämen,
wenn sie dabei ertappt werden. Ob Fürst Bismarck Recht
hatte, weiß ich nicht aus eigener Erfahrung, denn ich habe
die zweiten 70 Jahre eben erst angefangen. Ich kann nur
sagen, die ersten sechs Tage davon waren nicht übel. Freilich
kann es so nicht lange weitergehen. Ich fürchte, daß Fürst
Bismarck's Urtheil im Grunde doch richtig war. In meiner
Jugend dachte ich mir oft, wie schön es sein müßte, im
Alter auf viel erfolgreiche Arbeit und dadurch gewonnene

Resultate zurück zu blicken. Aber ich habe gefunden, daß
dieses Glück nur Wenigen beschieden ist, dem bildenden Künst
ler vielleicht und dem Dichter, dem Schriftsteller, deren Werke
in ihrer vollendeten Gestalt bleibend dastehen. Aber wer auf
dem politischen Felde arbeitet, der wird die Erfahrung machen,
daß, was er als Resultat erreichen kann, sich nur als eine
neue Form alter Probleme, oder als ein neues Problem ent-
wickelt, das noch zu lösen ist. Da giebt es nichts Vollende-
tes. Man kann nur in der Richtung des Ideals weiter
arbeiten, so lange die Kraft reicht. Und Das denke ich zu
thun. Aber Das darf ich mir selbst sagen: wäre mein guter
Wille zehnmal besser, und wären meine Bestrebungen zehnmal
eifriger und nützlicher gewesen, so hätte mein Lohn nicht
schöner sein können, als der, den ich jetzt empfange. Was
kann es Wohlthuenderes geben, als am Lebensabend empfinden zu dürfen, daß man in der Freundschaft vieler Mitmen-
schen einen warmen Platz hat? Dieses Glück verdanke ich
Ihnen und allen Denen, die mir zu meinem 70. Geburtstag ihre freundliche Gesinnung mit so viel Wärme kund
gegeben haben. Und ich stehe nicht an, Ihnen offen zu
bekennen, daß ich dieses große Glück, das mir so geworden
ist, von ganzem Herzen genieße. Haben Sie nochmals
Dank!

An Carl Schurz.

Zum 70. Geburtstage.

Im Freiheits-Kranz und -Glanz erstrahlt
Dein Bild von Eichen-Grün umschürzt,
Seit, selbst fast grüner Knabe noch,
Du erst für sie zum Kampf gestürzt;
Und seit Dein Name dann die Welt
Durchflog, hell wie ein Klang von Erz,
Als Deinen Winkel Du befreit —
Jung Blondel seinen Löwenherz:

Und seit d'rauf, über's Meer gescheucht,
Du von der alten Heimath Bann,
Zum neuen Vaterlande Dir
Die neue Welt erkämpft als Mann;
Bei ihrem Sklavenketten-Bruch
Auch d'reingebraust und d'reingesaust
Du mit dem Wort als Flamberg erst,
Dann mit dem Flamberg in der Faust.

Und überall und immerdar,
Wo's zu befrei'n und brechen galt,
Stand'st Du seitdem auch auf dem Bruch,
Wie einstens jung, so heute alt.
Doch nein — nicht alt! Die siebzig Jahr,
Davon heut Alles singt und spricht, —
Ein Menschen-Alter ist das wohl,
Doch ist's ein Eichen-Alter nicht!

Du aber stehst noch Eichen-grün
Und Eichen-ganz noch auf dem Plan,
Noch gut für manchen Kampf und Sieg,
Für Manches, das noch ungethan.
So bleibe denn auch manches Jahr
Noch Eichen-grün und Eichen-ganz,
Dir selbst, uns und der Welt verklärt
Vom Freiheits-Kranz und Freiheits-Glanz!

Udo Brachvogel

Schurz-Feier-Committee.

A. Exekutiv-Committee.

Vorsitzer, . . C. F. Thoma, Deutscher Gesellig-Wissenschaftlicher Verein
Vice-Vorsitzer . . . . Dr. W. F. Mittendorf, Deutscher Liederkranz
Vice-Vorsitzer . . . . Richard Weinacht, M.-G.-V. Arion
Schriftführer, . Joseph Winter, Deutscher Gesellig-Wissenschaftl. Verein
Schatzmeister, H. G. Ramsperger, Deutscher Gesellig-Wissenschaftl. Verein

Dr. H. A. E. Anderson,
Central Turnverein
Arthur von Briesen,
Rechtsschutz-Verein
Emil L. Boas.
Edmund O. Braendle,
Schwäbischer Sängerbund
Hubert Cillis,
Deutscher Gesellig-Wissenschaftl. Verein
Rudolf Cronau,
Litterarische Gesellschaft von Morrisania
John W. Fleck,
Beethoven-Männerchor
Dr. W. Freudenthal,
Deutscher Gesellig-Wissenschaftl. Verein
James H. Hoffmann,
Hebr. Techn. Institut
Dr. A. Jacobi,
Deutscher Gesellig-Wissenschaftl. Verein
C. Kaczander,
Techniker-Verein
Dr. Hans Kudlich,
Deutscher Gesellig-Wissenschaftl. Verein
Richter H. C. Kudlich,
Deutscher Gesellig-Wissenschaftl. Verein
C. E. Lewenstein,
U. C. S. A.
Jacob W. Mack,
Verein Harmonie
Richard Müller,
Deutscher Kriegerbund
Hy. Medekoven,
N. Y. Sängerrunde
Oswald Ottendorfer,
Deutscher Gesellig-Wissenschaftl. Verein
John B. Pannes,
M. G. B. Arion

Dr. Louis Peiser,
Deutscher Gesellig-Wissenschaftl. Verein
Gustav Ramsperger,
Deutscher Gesellig-Wissenschaftl. Verein
Hugo H. Ritterbusch,
Heinebund
Max C. Rosen,
Verein Freundschaft
Dr. J. A. Schmitt,
Deutscher Gesellig-Wissenschaftl. Verein
Carl Schur,
Apotheker-Verein
A. Siedenburg,
Deutscher Verein
George von Skal,
Deutscher Preß-Club
Albert Stettheimer,
Verein Freundschaft
Dr. Max Toeplitz,
Deutscher Gesellig-Wissenschaftl. Verein
G. Ulbricht.
Henry Villard,
Deutscher Gesellig-Wissenschaftl. Verein
John Ph. Voelker,
Verein für Kunst und Wissenschaft
Jean Weil,
Litterarische Gesellschaft
Dr. E Weyland,
Vereinigte Sänger von New York
Fr. J. Werneck,
G. A. R.
Hugo Wesendonck,
Deutscher Gesellig-Wissenschaftl. Verein
Max Zebe,
New Yorker Turn-Verein

B. Unter-Ausschüsse.

Adresse.

Henry Villard, ... Vorsitzer
Rudolph Cronau   George von Skal

Auswärtiger Ausschuß.

Henry Villard, ... Vorsitzer
Emil L. Boas, ... Schriftführer
Arthur von Briesen   Hubert Cillis   Gustav H. Schwab   L. F. Thoma
G. Ulbricht   Hugo Wesendonck   Joseph Winter

Bankett.

Dr. H. A. C. Anderson, . . Vorsitzer
Hugo H. Ritterbusch, . . Schriftführer
Jacob W. Mack   H. G. Ramsperger   Max C. Rosen
Dr. Max Toeplitz   Richard Weinacht

Finanzen.

Henry Villard, . . . Vorsitzer
H. G. Ramsperger   Max C. Rosen

Presse.

Jean Weil, ... Vorsitzer
Joseph Winter   Hugo H. Ritterbusch

Redner.

Hon. H. C. Kudlich, . . Vorsitzer
Dr. W. Freudenthal   Jacob W. Mack

Empfang.

Dr. W. F. Mittendorf, . . Vorsitzer
John B. Pannes, ... Schriftführer

Edmund O. Braendle	C. L. Lewenstein	R. Siedenburg
J. W. Fleck	Richard Müller	Albert Stettheimer
James H. Hoffmann	Henry Gedekoven	J. P. Voelker
Dr. A. Jacobi	Dr. Louis Peiser	Dr. L. Weyland
L. Kaczander	G. Ramsperger	Fr. J. Werneck
Dr. Hans Kudlich	Dr. J. A. Schmitt	Max Zebe
	Carl Schur	

Herman Alexander,   C. Max Loth,
Dr. John Friederich,   N. Y. Abend-Herold   Wm. Mayer,   N. Y. Morgen-Journal
Paul Loeser,   Schweizer-Zeitung   Herman Ridder,   New Yorker Revue
   New Yorker Staats-Zeitung   N. Y. Staats-Zeitung

C. B. Wolffram, New Yorker Zeitung

Adressen und Ehrendiplome.

nter den zahlreichen Glückwunsch-Adressen, Ehrenmitglieds-Ernennungen, Telegrammen und sonstigen Kundgebungen, die Herr Schurz aus Nah und Fern, „so weit die deutsche Zunge klingt," erhielt, sei vor Allem die Massen-Adresse der Deutsch-Amerikaner erwähnt, deren Wortlaut auf dem Cronau'schen Bilde zu finden ist und Herrn Villard zum Verfasser hat. Dieselbe lautet:

Carl Schurz
zum siebzigsten Geburtstage.

Hochgeehrter Mitbürger!

Wir erlauben uns, Ihnen die herzlichsten Glückwünsche zu Ihrem siebzigsten Geburtstage auszusprechen. Es bewegt uns freudig, daß Sie diesem Feste in voller Rüstigkeit bei wohnen können. Wir ergreifen diese Gelegenheit, um auch die allgemeine Verehrung und die tiefe Dankbarkeit zum Ausdruck zu bringen, die Ihnen alle Deutsch-Amerikaner für die langen und großen Dienste zollen, die Sie unserem Adoptiv-Vaterlande geleistet haben. Von den vollendeten sieben Jahrzehnten haben Sie nahezu fünf auf amerikanischem Boden verbracht. Fast vierzig Jahre dieser Zeit, von Ihrer ersten Mannesreise an, haben Sie sich als mächtiger Redner,

Carl Schurz

2. März 1829. — 2. März 1899.

Zum siebzigsten Geburtstage.

Carl Schurz-Adresse

als bewährter Volksführer, als Diplomat, General, Senator
und Minister bei den wichtigsten Episoden in der Geschichte
der Republik ausgezeichnet. Auch seit dem Abschlusse Ihrer
dienstlichen Laufbahn im Jahre 1881 haben Sie unausgesetzt
bis zum heutigen Tage mit hoher Einsicht und unverminderter
Kraft für das öffentliche Wohl gearbeitet. Auf den weiten
Gebieten der Reform der Zollpolitik, des Währungswesens
und vor Allem des Zivildienstes haben Sie stets eine füh
rende Stellung eingenommen. Für all' dies uneigennützige
und rastlose Streben zum Nutzen Aller gebührt Ihnen die
höchste Anerkennung der Zeitgenossen wie der künftigen Ge
schlechter.

Mit dieser Versicherung der Dankbarkeit und Verehrung
verbinden wir die wärmsten Wünsche für Ihr ferneres Wohl
ergeben. Möge es Ihnen vergönnt sein, Ihre segensreiche
Thätigkeit noch viele Jahre fortzusetzen.

Der

„Deutsche Gesellig-Wissenschaftliche Verein"
von New York

überreichte dem Jubilar folgendes Ehren Diplom:

Herrn Carl Schurz,

New York.

Hochgeehrter Herr!

Der „Deutsche Gesellig-Wissenschaftliche Verein von New-
York" hat in seiner außerordentlichen General Versammlung
vom 26. Januar 1899 den einstimmigen Beschluß gefaßt,
Sie anläßlich der Vollendung Ihres 70. Lebensjahres zum
Ehrenmitgliede des Vereins zu ernennen, um Ihnen
bei dieser Gelegenheit einen kleinen Beweis seiner unbegrenz-
ten Hochachtung zu liefern.

Dem jeder Gefahr trotzenden Akademiker, dem todes

muthigen Patrioten, dem anerkannten Führer und Rufer im
Streite, wenn es galt, deutscher Ehrlichkeit oder deutschem
Idealismus auch hier zum Siege zu verhelfen, dem uner-
schrockenen Vertheidiger aller Menschenrechte, dem tapferen
General, dem erfolgreichen Anwalt seiner deutschen Mitbürger,
dem glänzenden Redner, dem hochbegabten Journalisten, dem
beredten Bundessenator, dem einzigen Teutschen, welcher
je einen amerikanischen Cabinetsposten bekleidet hat, dem
umsichtigen Diplomaten, dem scharfen Denker, dem unpar-
teiischen Historiker, vor Allem aber dem unentwegten deutsch-
amerikanischen Kämpfer für Recht und Wahrheit, bringt der
„Deutsche Gesellig-Wissenschaftliche Verein“ die herzlichsten
und tiefgefühltesten Glückwünsche zum 70. Wiegenfeste dar.

Ein halbes Jahrhundert lang sind Sie für die wahren Interessen Ihrer Landsleute eingetreten und haben uns Deutsche,
um mit Ihren eigenen Worten zu sprechen, stets gelehrt:
wie man die holde Mutter Germania lieben kann, ohne der
süßen Braut Columbia untreu zu werden. Durch Ihr per-
sönliches, von Freund und Feind gleich hochgeschätztes Beispiel,
haben Sie mehr als irgend ein lebender Deutsch Amerikaner
dazu beigetragen, dem deutschen Namen hier Ehre und Achtung
zu verschaffen. Darum wird Ihnen auch die allgemeine
Dankbarkeit und die hingebungsvolle Verehrung Ihrer Landsleute zu theil.

Möge es Ihnen vergönnt sein, noch viele, viele Jahre
in ungetrübter Gesundheit und mit ungeschwächten Geistes-
kräften an der Vollendung Ihres großen Lebenswerkes weiter
zu schaffen und die ebenso nothwendige als wünschenswerthe
Verständigung zwischen der anglo amerikanischen und deutschen
Nation endlich herbeizuführen, zum Wohle des Deutschthums
und zum Heile der Vereinigten Staaten.

Genehmigen Sie nochmals ꝛc.

Der Deutsche Gesellig-Wissenschaftliche Verein
von New York.

Der Arion schreibt:

An unser Ehrenmitglied

Carl Schurz.

Dem Vorkämpfer für die höchsten Güter des Volkes, dem unentwegten Streiter für dessen Wohlfahrt, dem Apostel für alles Schöne, dem Vorbild eines idealen Bürgers unseres Adoptiv-Vaterlandes sendet der

Arion

zu seinem 70. Geburtstage seine aufrichtigsten Glückwünsche.

Das schönste Denkmal großer Männer ist und bleibt in dem Herzen der Nation!

New York, den 2. März 1899.

Richard Weinacht, Präsident.

Carl Schiettinger, Secretär.

Die Litterarische Gesellschaft von Morrisania:

New York, 20. Februar 1899.

Herrn Carl Schurz!

Hochgeschätzter Mitbürger!

Nahezu ein halbes Jahrhundert ist verflossen, seitdem Verhältnisse Sie nöthigten; die an den Ufern des grün gol-digen Rheinstroms gelegene theure Heimath aufzugeben und diesseits des Weltmeers einen neuen Wirkungskreis zu suchen. Gleich vielen Ihrer damaligen Zeit- und Kampfgenossen nahmen Sie als kostbarste Habe die treue Anhänglichkeit, das ewig sehnsüchtige Gedenken an das Vaterland mit sich und haben, obwohl Sie nicht zögerten, die edleren Eigen-

schaften des Amerikanertums anzunehmen und Ihrem Cha
rakter zu verschmelzen, diese Anhänglichkeit an die alte Hei
mat stets in glänzender Weise bekundet.

In der Werthschätzung echt deutschen Wesens, in der
Hochhaltung unserer herrlichen Muttersprache, in der begeister
ten Verehrung ihrer reichen Literaturschätze sind Sie allen
Deutsch-Amerikanern stets ein leuchtendes Vorbild gewesen.

Die
Literarische Gesellschaft von Morrisania,

welche sich die Pflege deutscher Literatur und Wissenschaft zur
Aufgabe gemacht hat, schätzt es daher als eine schöne Pflicht,
Ihren Verdiensten um das Deutschtum in Amerika dankbare
Anerkennung zu zollen, und ernennt Sie, um diesem Danke
Ausdruck zu verleihen, hiermit zu ihrem

Ehrenmitgliede.

Indem wir Sie von diesem Beschluß in Kenntniß setzen,
geben wir zugleich der Hoffnung Raum, Sie noch lange
Jahre als den anerkannten Führer des Deutsch-Amerikaner
tums unter uns weilen zu sehen.

Der Vorstand der
Literarischen Gesellschaft von Morrisania:

Rudolph Cronau, Präsident,
J. A. J. Maaß, Vice-Präsident,
Hermann F. Lettkemann, Secretär,
Ernst Soltan, Schatzmeister,
Paul A. Junker, Bibliothekar,
William B. Klein,
H. Dietrich,
Gustav D. Korn,
Dr. med. Adolph von Düring.

Die Deutsche Gesellschaft der Stadt New York:

Geehrter Herr Schurz!

Die Vollendung Ihres siebzigsten Lebensjahres am 2. März 1899 hat dem Verwaltungsrathe und den Mitgliedern der „Deutschen Gesellschaft der Stadt New York" lebhaft in Erinnerung gebracht, was Ihnen das neue Vaterland und insbesondere Ihre Mitbürger deutscher Herkunft zu verdanken haben.

Ein amerikanischer Bürger ohne Furcht und Tadel, stets nach den höchsten und edelsten Zielen strebend und Ihr bestes Können und Wissen einsetzend für das, was Sie als das Rechte erkannten, sind Sie, Herr Carl Schurz, stets uneigennützig, unparteiisch und patriotisch in Wort und That allen ein leuchtendes Beispiel des wahren und echten Bürgerthums unserer großen Republik.

Wir sind stolz darauf, Sie zu unseren Landsleuten zählen zu dürfen und beehren uns, Ihnen hierdurch mitzutheilen, daß die

Deutsche Gesellschaft der Stadt New York,

als Ausdruck ihrer Verehrung und ihrer Anerkennung der unauslöschlichen Verdienste, die Sie sich um das gesammte Deutschthum erworben haben, Sie in der General-Versammlung am 27. Februar 1899 zum

Ehrenmitgliede

der Gesellschaft ernannt hat.

Gustav H. Schwab, Präsident,

Ernst Lemcke, Sekretär.

Der Gesangverein Deutscher Liederkranz:

Der Gesangverein

Deutscher Liederkranz in New York
(Gegründet 1847)

ernannte in seiner regelmäßigen Sitzung am Dienstag, den 24. Januar 1899, Herrn Carl Schurz einstimmig zum

Ehrenmitglied

in Anerkennung seiner hervorragenden Stellung als amerikanischer Bürger deutscher Herkunft und seiner unschätzbaren Verdienste um das Vaterland.

Zur Bestätigung ausgefertigt Donnerstag, den 2. März 1899, dem siebzigsten Jahrestage seiner Geburt.

Deutscher Liederkranz.

Wm. F. Mittendorf, M. D., Präsident.

R. F. Lang, Sekretär.